PRÓLOGO

Estimad@ estudiante,

Es un placer presentarles este curso de introducción a la programación. Este curso ha sido diseñado para aquellos que desean adquirir habilidades en programación y desarrollar su pensamiento lógico para resolver problemas utilizando la tecnología.

En la actualidad, la programación es una de las habilidades más valiosas y demandadas en el mercado laboral. Con la creciente dependencia de la tecnología en la vida diaria, la capacidad de programar se ha vuelto esencial en casi todas las industrias. Este curso le brindará una base sólida para comenzar su carrera en el mundo de la programación y la tecnología.

A lo largo de este curso, explorará los conceptos fundamentales de la programación, desde la lógica básica hasta la creación de algoritmos eficientes y la implementación de programas en diferentes lenguajes de programación. También aprenderá técnicas para resolver problemas de manera eficiente, lo que le permitirá escribir programas más legibles y fáciles de mantener.

CONTENIDO

UNIDAD 1: INTRODUCCIÓN A LA PROGRAMACIÓN

La unidad de introducción a la programación tiene como objetivo proporcionar a los estudiantes una visión general del mundo de la programación. Los estudiantes aprenderán los conceptos básicos de la programación, la importancia de la programación en el mundo actual y las habilidades necesarias para ser un programador exitoso.

■ ¿Qué es la programación?

La programación es el proceso de diseñar, codificar, depurar y mantener el código fuente de un programa de ordenador. Es decir, es el proceso de creación de software, aplicaciones y sistemas de cómputo mediante la utilización de lenguajes de programación y herramientas específicas.

En el mundo actual, la programación es una habilidad cada vez más importante y demandada. Cada vez más empresas, organizaciones y gobiernos están utilizando tecnologías basadas en la programación para automatizar procesos, recopilar y analizar datos, mejorar la eficiencia y la productividad, y ofrecer servicios y productos innovadores.

Existen diferentes tipos de programación, cada uno con su propio conjunto de lenguajes y herramientas específicas. Por ejemplo, la programación web se centra en la creación de sitios web y aplicaciones web utilizando lenguajes como HTML, CSS y JavaScript. La programación móvil se centra en el desarrollo de aplicaciones móviles utilizando lenguajes como Swift y Java. La programación de sistemas se centra en el desarrollo de sistemas operativos y controladores de dispositivos utilizando lenguajes como C y Assembly.

En resumen, la programación es una habilidad clave en la era digital actual y su importancia seguirá aumentando en el futuro. Es importante tener una comprensión clara de qué es la programación y los diferentes tipos de programación existentes para poder aprovechar las oportunidades que ofrece este campo.

■ *Tipos de lenguajes de programación*

Existen diferentes tipos de lenguajes de programación, cada uno con sus propias características y ventajas. A continuación, veremos distintas clasificaciones:

Según La Capa Donde Se Ejecutan:

Lenguajes de programación de bajo nivel:

Estos lenguajes se acercan más al lenguaje de la máquina y son más difíciles de entender y escribir. Sin embargo, son más eficientes en términos de velocidad y uso de recursos. Ejemplos de lenguajes de programación de bajo nivel son el lenguaje ensamblador y el lenguaje C.

Lenguajes de programación de alto nivel:

Los lenguajes de alto nivel son aquellos que están diseñados para ser más cercanos al lenguaje humano y alejados del lenguaje de la máquina. Estos lenguajes suelen ser más fáciles de aprender y de escribir, y permiten a los programadores concentrarse en la solución de problemas en lugar de en los detalles de la implementación de la máquina. Son los más utilizados en la actualidad y sobre los que se maneja gran parte del mercado laboral. Ejemplos comunes de lenguajes de alto nivel incluyen Python, Java, C++, y JavaScript.

Según La Forma De Ejecución:

Lenguajes de programación interpretados:

Estos lenguajes no requieren una etapa de compilación previa y se ejecutan directamente desde el código fuente. Son más fáciles de aprender y usar que los lenguajes compilados, pero también son más lentos en términos de velocidad de ejecución. Ejemplos de lenguajes interpretados son Python, Ruby y JavaScript.

Lenguajes de programación compilados:

Estos lenguajes requieren una etapa de compilación previa en la que el código fuente se traduce a lenguaje de máquina. Son más eficientes en términos de velocidad de ejecución que los lenguajes interpretados, pero también son más difíciles de aprender y usar. Ejemplos de lenguajes compilados son C, C++ y Java.

Según El Paradigma De Programación:

Lenguajes de programación estructurados:

La programación estructurada es un enfoque de programación que se centra en dividir un programa en partes más pequeñas y manejables, llamadas funciones o subrutinas, para facilitar la escritura, el mantenimiento y la depuración del código. En la programación estructurada, se utilizan estructuras de control de flujo, como bucles y condicionales, para controlar el flujo de ejecución del programa. Este enfoque se considera más fácil de entender y de mantener que otros enfoques de programación, como la programación orientada a objetos.

Lenguajes de programación orientados a objetos:

Estos lenguajes se basan en el concepto de objetos, que combinan datos y funciones. Son muy útiles para proyectos grandes y complejos y favorecen la reutilización de código. Ejemplos de lenguajes orientados a objetos son Java, Python y C++. Es importante elegir el lenguaje de programación adecuado para cada proyecto en función de las necesidades específicas del mismo. No hay un lenguaje de programación "mejor" o "peor", sino que cada uno tiene sus propias ventajas y desventajas. Es importante tener en cuenta factores como la eficiencia, la velocidad de ejecución, la facilidad de uso y la disponibilidad de bibliotecas y herramientas para tomar la decisión adecuada.

■ Conceptos básicos de programación

Los conceptos básicos de la programación son fundamentales para poder entender cómo funciona la programación y poder crear programas de computadora. A continuación, se explican los conceptos más importantes:

Variables:

Las variables son espacios de memoria en los que se pueden almacenar valores. Estos valores pueden ser números, textos, booleanos, etc. Las variables se definen con un nombre y se les asigna un valor. El valor de una variable puede cambiar a lo largo del programa.

Constantes:

En programación, las constantes son valores que no pueden cambiar durante la ejecución del programa. Son como variables, pero su valor se establece una vez y no se puede modificar después. Las constantes se utilizan para definir valores fijos en el código, como números, letras o cadenas de texto, que son necesarios para el correcto funcionamiento del programa.

Tipos De Datos:

En programación, los tipos de datos son la forma en que se representan los diferentes tipos de información que se pueden utilizar en un programa. Cada lenguaje de programación tiene sus propios tipos de datos, pero hay algunos tipos de datos comunes que se encuentran en la mayoría de los lenguajes de programación.

Algunos de los tipos de datos más comunes son:

Números enteros:

Los números enteros son números sin decimales. Se utilizan para representar valores como la cantidad de objetos, la edad de una persona, entre otros.

Números decimales:

Los números decimales, también conocidos como números de punto flotante, son números con decimales. Se utilizan para representar valores como la altura de una persona, la temperatura, entre otros.

Cadenas de texto:

Las cadenas de texto son secuencias de caracteres. Se utilizan para representar valores como nombres, direcciones, mensajes, entre otros.

Valores booleanos:

Los valores booleanos son verdadero o falso. Se utilizan para representar valores lógicos, como la respuesta a una pregunta.

Arreglos:

Los arreglos son una colección ordenada de valores del mismo tipo de datos. Se utilizan para almacenar una serie de valores relacionados entre sí.

Operadores:

Los operadores son símbolos que se utilizan para realizar operaciones matemáticas o lógicas. Algunos ejemplos de operadores son el signo más (+) para sumar, el signo menos (-) para restar, el signo de igualdad (==) para comparar valores, entre otros.

En programación, los operadores son símbolos que se utilizan para realizar operaciones matemáticas o lógicas en uno o más valores o variables. Los operadores pueden ser unarios, es decir, actuar sobre un solo operando, o binarios, actuar sobre dos operandos.

Algunos de los operadores más comunes en programación son:

Operadores aritméticos:

se utilizan para realizar operaciones matemáticas básicas como suma, resta, multiplicación, división, módulo y exponenciación. Ejemplos de estos operadores son +, -, *, /, % y ^.

Operadores de asignación:

Se utilizan para asignar un valor a una variable. El operador de asignación más común es el signo igual (=).

Operadores de comparación:

Se utilizan para comparar dos valores o variables y devolver un valor booleano verdadero o falso. Ejemplos de estos operadores son <, >, <=, >=, == y !=.

Operadores lógicos:

Se utilizan para combinar expresiones lógicas y devolver un valor booleano verdadero o falso. Ejemplos de estos operadores son && (y), || (o) y ! (negación).

Operadores de incremento/decremento:

se utilizan para aumentar o disminuir el valor de una variable en uno. Los operadores de incremento son ++ y los operadores de decremento son --.

Es importante conocer los diferentes operadores disponibles en un lenguaje de programación para poder utilizarlos correctamente en el código. Los operadores se pueden combinar con variables y otros elementos de programación para crear expresiones complejas que realizan tareas específicas dentro de un programa.

Estructuras:

Las estructuras son una colección de diferentes tipos de datos que se agrupan en una sola entidad. Se utilizan para representar objetos o conceptos complejos.

Es importante tener en cuenta los tipos de datos cuando se está escribiendo un programa, ya que esto ayuda a asegurarse de que se están utilizando los valores correctos en el momento adecuado.

Estructuras de control de flujo:

Las estructuras de control de flujo son instrucciones que permiten controlar el flujo del programa, es decir, el orden en el que se ejecutan las operaciones. Algunas de las estructuras más comunes son las estructuras condicionales (if-else o si-sino en español), que permiten ejecutar diferentes instrucciones en función de una condición, y las estructuras de repetición (for, while o "para" y "mientras" en español), que permiten ejecutar una serie de instrucciones varias veces.

Las estructuras de control de flujo son herramientas fundamentales en la programación, ya que permiten controlar la secuencia de ejecución de un programa. Básicamente, se utilizan para controlar el flujo de ejecución de un programa según ciertas condiciones.

Las tres estructuras de control de flujo más comunes en programación son:

Estructuras de control condicional:

Permiten tomar decisiones basadas en ciertas condiciones. La estructura de control condicional más común es el "if-else" o "si-sino", que se utiliza para ejecutar un bloque de código si se cumple una condición y otro bloque de código si no se cumple, es decir permite tomar un bifurcación entre dos o más caminos, según se cumpla o no cierta condición.

Estructuras de control de bucle:

Permiten ejecutar un bloque de código varias veces mientras se cumpla una determinada condición. Las dos estructuras de control de bucle más comunes son "while" y "for".

Estructuras de control de salto:

Permiten saltar a una parte específica del código y omitir la ejecución de una sección del mismo. La estructura de control de salto más común es el "break", que se utiliza para salir de un bucle. En algunos lenguajes de programación estructurados este tipo de instrucciones están mal vistas, ya que alteran la ejecución secuencial del programa tal cual como fue pensado.

Estas estructuras de control de flujo permiten crear programas más complejos y personalizados que realizan tareas específicas según las condiciones establecidas en el código. Al comprender estas estructuras, los programadores pueden crear programas más eficientes, fáciles de leer y más efectivos en términos de tiempo y recursos.

Estos son solo algunos de los conceptos básicos de la programación, pero son fundamentales para poder crear programas de computadora. Es importante entender estos conceptos antes de comenzar a escribir código en cualquier lenguaje de programación.

En las siguientes unidades se analizarán las mencionadas estructuras con mayor profundidad.

■ Entorno de desarrollo integrado (IDE)

Un Entorno de Desarrollo Integrado (IDE, por sus siglas en inglés) es una herramienta que se utiliza para facilitar el proceso de programación al proporcionar un conjunto completo de herramientas integradas para la edición, compilación, depuración y gestión de código. Un IDE típico incluye un editor de código, un compilador, un depurador y otras herramientas para facilitar la programación.

La elección de un IDE adecuado es importante para el éxito de cualquier proyecto de programación. Al elegir un IDE, es importante considerar factores como el lenguaje de programación utilizado, el sistema operativo, la facilidad de uso y la integración con otras herramientas y tecnologías.

Hay muchos IDE diferentes disponibles para los programadores, cada uno con sus propias fortalezas y debilidades. Algunos ejemplos comunes de IDE incluyen Visual Studio para programación de Windows, Eclipse para programación de Java, Xcode para programación de iOS y Android Studio para programación de Android.

UNIDAD 2: ALGORITMOS Y DISEÑO DE PROGRAMAS

Introducción a los algoritmos:

¿Qué son los algoritmos? y su importancia en la programación

Los algoritmos son una serie de pasos o instrucciones bien definidos que se utilizan para resolver un problema o realizar una tarea específica. En programación, los algoritmos son una parte fundamental para el diseño y desarrollo de programas.

Un ejemplo sencillo de un algoritmo sería el proceso de elaborar una taza de té. Los pasos serían:

1. Llenar una tetera con agua.
2. Calentar el agua en la cocina.
3. Colocar una bolsita de té en una taza vacía.
4. Verter el agua caliente en la taza.
5. Esperar unos minutos a que se infusione el té.
6. Retirar la bolsita de té de la taza.
7. Agregar leche o azúcar al gusto, si se desea.

El formato es crucial al momento de escribir algoritmos, ya que permite una comprensión más clara y organizada de los pasos que deben seguirse para llevar a cabo una tarea. En el ejemplo de elaborar una taza de té, se puede notar que cada paso está claramente definido y separado de los demás, lo que hace que sea fácil de seguir y entender. Además, el uso de números o viñetas ayuda a identificar claramente el orden de los pasos a seguir. Es importante ser consistente en el uso del formato y seguir las convenciones establecidas en el lenguaje de programación utilizado para evitar confusiones y errores en la ejecución del algoritmo.

Los algoritmos son importantes en la programación por varias razones. En primer lugar, permiten a los programadores descomponer un problema complejo en pasos más simples y manejables. Esto hace que sea más fácil de entender y solucionar problemas complejos.

Por ejemplo, supongamos que queremos escribir un algoritmo para determinar si un número es par o impar. Podríamos usar el siguiente pseudocódigo:

Si el número es divisible entre dos sin dejar resto,
<u>entonces es par.</u>
Sino,
<u>entonces es impar.</u>

Si aplicamos este algoritmo al número 4, obtendríamos que es par, mientras que si lo aplicamos al número 7, obtendríamos que es impar. Se puede observar que el texto está escrito en pseudocódigo, que es una forma de escribir algoritmos utilizando un lenguaje parecido al natural, que se parece al lenguaje de programación pero que no necesita seguir una sintaxis estricta como la de un lenguaje de programación real. Es decir, es una forma de escribir los pasos para solucionar un problema utilizando un lenguaje sencillo y comprensible por cualquier persona sin importar si tiene conocimientos avanzados en programación. El objetivo es poder planificar y entender la solución de un problema antes de empezar a escribir el código en un lenguaje de programación real.

También se observa en el ejemplo una estructura de control de flujo condicional que veremos en unidades subsiguientes.

Un ejemplo sencillo de una estructura de control es el "if" o "si" en español. Supongamos que queremos escribir un algoritmo que determine si un número es mayor o menor que cero. Podríamos usar el siguiente pseudocódigo:

Leer un número.
Si el número es mayor que cero,
  entonces imprimir "El número es mayor que cero".
Sino, si el número es igual a cero,
  entonces imprimir "El número es igual a cero".
Sino,

imprimir "El número es menor que cero".

Si ingresamos el número 5, el algoritmo imprimirá "El número es mayor que cero". Si ingresamos el número -2, el algoritmo imprimirá "El número es menor que cero". Y si ingresamos el número 0, el algoritmo imprimirá "El número es igual a cero".

Además, los algoritmos también son importantes para la eficiencia y la optimización del programa. Un buen algoritmo puede hacer que un programa sea más rápido y use menos recursos de la computadora, lo que puede ser crucial en aplicaciones que procesan grandes cantidades de datos o necesitan una respuesta rápida.

Por último, los algoritmos son importantes porque proporcionan una base para la automatización de tareas. Una vez que un algoritmo ha sido diseñado y probado, puede ser implementado en un programa y utilizado para realizar la tarea de manera rápida y precisa, sin la necesidad de intervención humana constante.

En resumen, los algoritmos son una parte fundamental de la programación y son esenciales para la solución de problemas complejos, la eficiencia y la automatización de tareas.

■ ¿Qué es la complejidad algorítmica y cómo medirla?

La complejidad algorítmica es una medida de cuánto tiempo y recursos necesita un algoritmo para resolver un problema en función del tamaño de la entrada. Es decir, se refiere a la eficiencia del algoritmo en términos de su tiempo de ejecución y uso de memoria. En términos sencillos, la complejidad algorítmica es una forma de medir la dificultad de un problema y la eficiencia de la solución algorítmica que se le aplica. En general, se busca que los algoritmos sean lo más eficientes posible para poder procesar grandes cantidades de datos en tiempos razonables.

■ ¿Como analizar y diseñar algoritmos?

El análisis y diseño de algoritmos es una parte fundamental de la programación, ya que permite crear soluciones eficientes y optimizadas para resolver problemas. En esta sección del curso, se explicará cómo analizar y diseñar algoritmos de manera efectiva.

En primer lugar, es importante entender que el análisis de algoritmos se enfoca en medir la eficiencia del mismo, es decir, en qué medida se utilizan los recursos (tiempo y espacio) para resolver un problema en particular. Por otro lado, el diseño de algoritmos se centra en la creación de soluciones que sean óptimas en términos de eficiencia.

Para analizar y diseñar algoritmos de manera efectiva, es necesario seguir algunos pasos clave. En primer lugar, es importante entender el problema que se está tratando de resolver y definir los requerimientos y restricciones del mismo. Luego, se debe buscar la mejor solución posible para ese problema, considerando factores como la eficiencia y simplicidad.

Por ejemplo, supongamos que se necesita diseñar un algoritmo para encontrar el número más grande en una lista de números enteros. Para analizar y diseñar el algoritmo de manera efectiva, se pueden seguir los siguientes pasos:

1. **Comprender el problema:** Se debe entender claramente el problema que se está tratando de resolver. En este caso, se busca encontrar el número más grande en una lista de números enteros.

2. **Definir los requerimientos y restricciones:** Es importante definir los requerimientos y restricciones del problema. Por ejemplo, ¿puede haber números repetidos en la lista? ¿Se permite usar funciones

predefinidas para ordenar la lista?

3. Buscar la mejor solución posible: Se deben considerar diferentes soluciones posibles y evaluar su eficiencia y simplicidad. En este caso, una posible solución es recorrer toda la lista y comparar cada número con un número previamente identificado como el mayor. Si se encuentra un número mayor, se actualiza el número previamente identificado. Este enfoque es simple, pero su eficiencia puede variar dependiendo del tamaño de la lista.

4. Implementar y probar el algoritmo: Una vez que se ha diseñado el algoritmo, se puede implementar y probar en diferentes situaciones para asegurarse de que funciona correctamente y cumple con los requerimientos y restricciones definidos.

El proceso de analizar y diseñar un algoritmo de manera efectiva puede aplicarse a una amplia variedad de problemas de programación, y seguir estos pasos puede ayudar a los programadores a crear soluciones eficientes y efectivas.

Una vez que se tiene una posible solución, es importante probar y validar el algoritmo, para asegurarse de que funciona correctamente y de manera eficiente. Esto se puede hacer mediante la ejecución de casos de prueba, la comparación de resultados con otros algoritmos y la medición de la complejidad algorítmica.

En resumen, el análisis y diseño de algoritmos es esencial para la creación de soluciones eficientes y optimizadas en programación. Para llevar a cabo este proceso de manera efectiva, es necesario comprender los requerimientos del problema, buscar la mejor solución posible y validar el algoritmo mediante pruebas y mediciones de eficiencia.

¿Cómo diseñar programas eficientes?

En esta sección, se discutirán técnicas para diseñar programas eficientes, incluyendo la importancia de la modularidad, la abstracción y la legibilidad del código. Se abordarán los siguientes temas:

Cómo diseñar programas de forma modular.

Qué es la abstracción y cómo se utiliza en el diseño de programas.

Cómo escribir código legible y fácil de entender.

Cómo evaluar la eficiencia de un programa.

La eficiencia de un programa es crucial para el éxito de cualquier proyecto de programación. En esta sección, se abordarán técnicas clave para diseñar programas eficientes, comenzando por la importancia de la modularidad en el diseño de programas.

Modularidad

La modularidad es una técnica que consiste en dividir un programa grande en partes más pequeñas y manejables llamadas módulos o funciones. Cada módulo tiene una tarea específica y puede ser reutilizado en diferentes partes del programa.

Por ejemplo, si estás escribiendo un programa que necesita leer un archivo, procesar la información y luego mostrar los resultados en la pantalla, podrías dividirlo en tres módulos: uno para la lectura del archivo, otro para el procesamiento de la información y un tercero para la presentación de los resultados. Cada uno de estos módulos tendría una función específica y podrían ser reutilizados en otros programas que necesiten realizar una tarea similar.

La modularidad hace que el programa sea más fácil de entender, mantener y modificar, ya que cada módulo se centra en una tarea específica y no tiene que preocuparse por el funcionamiento de todo el programa. Además, facilita la colaboración en equipo, ya que cada miembro del equipo puede trabajar en diferentes módulos al mismo tiempo sin interferir con el trabajo de los demás.

La modularidad, combinado con el siguiente concepto que es el de abstracción, tiene que ver también con la forma de encarar el problema, ya que se descompone el problema grande en un conjunto de problemas mas pequeños, y así sucesivamente, hasta tener un problema de tamaño manejable y fácil solución, que se resolverá dentro de un módulo específico.

Abstracción

La abstracción significa simplificar un problema complejo en partes más simples y esenciales, ocultando los detalles innecesarios que pueden dificultar el entendimiento. Por ejemplo, al diseñar un programa para un juego, en lugar de incluir todos los detalles de cada objeto en el juego, se puede abstraer solo los elementos importantes del objeto, como su posición y su estado. Esto hace que el código sea más fácil de entender y también hace que el diseño e implementación sean más fáciles. Para lograr la abstracción, se deben definir interfaces claras y separar las diferentes responsabilidades del programa en partes distintas.

Las interfaces son como un contrato que se establece entre diferentes partes de un programa. Especifican cómo deben interactuar esas partes, sin necesidad de conocer los detalles internos de cada una. Esto permite que diferentes partes del programa se comuniquen de manera clara y efectiva, sin interferir entre sí.

Un ejemplo de abstracción en el diseño de programas sería crear una función que realice una operación matemática compleja, en lugar de escribir esa operación en cada parte del programa donde se necesite. Por ejemplo, en lugar de escribir la fórmula para calcular la raíz cuadrada en cada lugar donde necesitemos calcularla, podemos crear una función llamada "calcular_raiz_cuadrada(número)" que contenga la fórmula, y luego llamar a esa función cada vez que necesitemos calcular la raíz cuadrada. De esta manera, se abstrae la complejidad de la fórmula en una sola función, lo que hace que el código sea más fácil de entender y mantener.

Se puede observar que la función "calcular_raiz_cuadrada(número)" podría ser parte de un módulo de "operaciones matemáticas", y que su interfaz incluye el nombre con la función que realiza descripta con claridad, y el dato que tenemos que pasar a la misma, en este caso, el número al cual vamos a calcular la raíz cuadrada.

Legibilidad Del Código

La legibilidad del código es fundamental para la eficiencia de un programa. Un código bien escrito es fácil de entender y mantener, lo que reduce el tiempo de desarrollo y aumenta la escalabilidad. Al escribir código, se deben seguir las convenciones de nomenclatura y formato estándar, utilizar comentarios útiles y estructurar el código de manera clara y ordenada.

En términos sencillos, la escalabilidad se refiere a la capacidad de un sistema o aplicación para manejar un aumento en la demanda de uso sin perder su rendimiento o funcionalidad. Es decir, un sistema escalable puede adaptarse a un mayor volumen de usuarios o datos sin dejar de funcionar de manera eficiente. La escalabilidad es importante para garantizar que un sistema o aplicación pueda seguir siendo útil y efectivo a medida que crece la cantidad de usuarios o datos que maneja.

Por último, la evaluación de la eficiencia de un programa es clave para asegurar su funcionamiento óptimo. Esto se logra mediante la medición del tiempo y los recursos necesarios para ejecutar el programa, lo que se conoce como análisis de complejidad. Al evaluar la eficiencia de un programa, los desarrolladores pueden identificar áreas problemáticas y optimizar el código para mejorar su rendimiento.

En resumen, para diseñar programas eficientes es importante utilizar técnicas como la modularidad, la abstracción y la legibilidad del código. Además, es fundamental realizar una evaluación rigurosa de la eficiencia del programa para optimizar su rendimiento.

UNIDAD 3: VARIABLES Y ESTRUCTURAS DE CONTROL

L as variables y las estructuras de control son elementos fundamentales en la programación. Las variables son contenedores que almacenan información y las estructuras de control permiten manipular el flujo de ejecución de un programa. Los ejemplos se escribirán en pseudocódigo y algunos que tienen que ver con variables y asignaciones se utilizará el lenguaje Python que es uno de los más sencillos para visualizar este tipo de cuestiones.

■ Diagramas de flujo

Los diagramas de flujo son una herramienta visual utilizada en programación para representar el flujo de control de un algoritmo o proceso. Estos diagramas son útiles para entender y comunicar la lógica de un programa, ya que permiten mostrar el flujo de datos y decisiones que ocurren en el proceso.

Los diagramas de flujo consisten en una serie de símbolos gráficos interconectados por flechas que indican la dirección del flujo. Cada símbolo representa una acción o una decisión que se debe tomar en el algoritmo. Algunos de los símbolos más comunes en los diagramas de flujo son:

- **Inicio/Fin:** representa el inicio o el fin del algoritmo o proceso.

- **Proceso:** representa una acción o tarea que se realiza en el algoritmo.

- **Decisión:** representa una pregunta o una condición que se debe evaluar en el algoritmo y que conduce a diferentes acciones dependiendo de la respuesta.

- **Conector:** permite unir diferentes partes del diagrama de flujo que están separadas físicamente.

Los diagramas de flujo tienen la ventaja de ser fáciles de entender para cualquier persona, incluso si no tiene experiencia en programación. Además, pueden ser útiles para planificar el código antes de escribirlo, ya que obligan a pensar en la lógica de manera detallada antes de implementarla.

■ Variables

Las variables son elementos importantes en la programación porque permiten guardar información y utilizarla en el programa. Por ejemplo, una variable puede almacenar el nombre de una persona, su edad, su dirección, etc. En el siguiente ejemplo, se muestra cómo declarar una variable en el lenguaje de programación Python:

nombre = "Juan"
edad = 25
direccion = "Calle 1, Ciudad"

En este caso, se han declarado tres variables: nombre, edad y direccion. La primera variable es de tipo cadena, la segunda es de tipo entero y la tercera es de tipo cadena. El operador "=" es el signo de asignación, donde diremos que a la izquierda del operador se encuentra el nombre de la variable y a la derecha el valor que asignaremos a la misma

■ Tipos de datos

Los tipos de datos son categorías que se utilizan para clasificar la información que se almacena en las variables. Los tipos de datos más comunes son los siguientes:

- Enteros: se utilizan para almacenar números enteros, como 1, 2, 3, etc.

- Flotantes: se utilizan para almacenar números decimales, como 3.14, 2.5, etc.

- Cadenas: se utilizan para almacenar texto, como "Hola mundo", "Adiós", etc.

- Booleanos: se utilizan para almacenar valores verdadero o falso.

En el siguiente ejemplo, se muestra cómo declarar variables de

diferentes tipos de datos en Python:

```
entero    10
flotante   3.14
cadena    "Hola mundo"
booleano   True
```

■ *Estructuras de control*

Las estructuras de control son elementos que permiten controlar el flujo de ejecución de un programa. Las estructuras de control más comunes son las siguientes:

Estructuras Condicionales:

Permiten ejecutar diferentes bloques de código dependiendo de si se cumple una condición o no. Un ejemplo de estructura condicional en pseudocódigo es el siguiente:

```
si edad    18:
   escribir("Eres mayor de edad")
sino
   escribir("Eres menor de edad")
fin si
```

En este caso, si la variable edad es mayor o igual a 18, se imprimirá el mensaje "Eres mayor de edad". De lo contrario, se imprimirá el mensaje "Eres menor de edad".

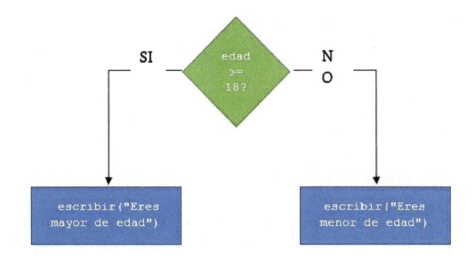

Bucles:

Permiten repetir un bloque de código varias veces. Los bucles más comunes son los siguientes:

Bucle para:

Permite iterar una operación una cantidad de veces determinada. Un ejemplo de bucle para en pseudocódigo es el siguiente:

```
para i    desde 1 hasta 5 hacer
   escribir (i)
fin para
```

En este caso, se escribirán por pantalla los números del 1 al 5

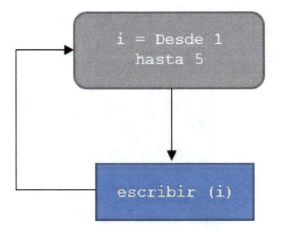

Bucle mientras:

Permite realizar una iteración de un bloque de código o algoritmo hasta que se cumpla una condición determinada. Un ejemplo de bucle mientras en pseudocódigo es el siguiente:

```
Escribir("Ingrese el n mero tope: ")
tope    0
contador    0
Leer(tope)
mientras (contador    tope) hacer
    escribir(contador)
    contador    contador    1
fin mientras
```

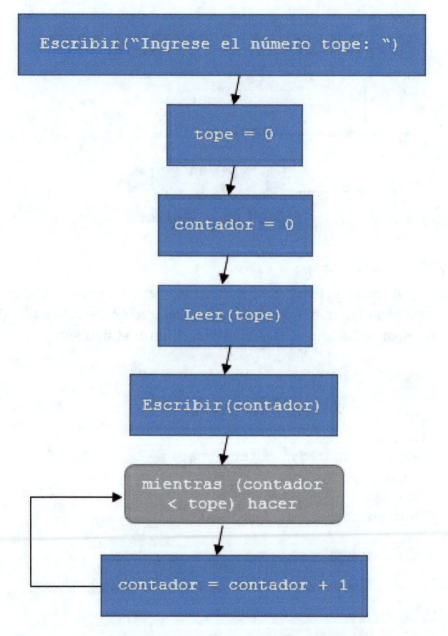

En este caso, se ha creado una variable llamada contador y otra llamada tope, que se han inicializado en 0, se leerá el ingreso por teclado de un valor numérico y luego el programa irá imprimiendo por pantalla el valor del contador comenzando con 0 e incrementándose en una unidad por iteración, hasta que la variable llegue al tope ingresado. Se puede observar también en el pseudocódigo que cada bloque de código que tenga una instrucción si, para o mientras, tiene su respectiva instrucción "fin si", "fin para" o "fin mientras", que delimita el tamaño del bloque, y determina su alcance.

▪ *Ejemplos*

1. Algoritmo para calcular el área de un triángulo:

```
Inicio
  // Definir las variables de entrada
  Leer base
  Leer altura

  // Calcular el área del triángulo
  area   (base * altura) / 2

  // Mostrar el resultado
  Escribir "El área del triángulo es: ", area
Fin
```

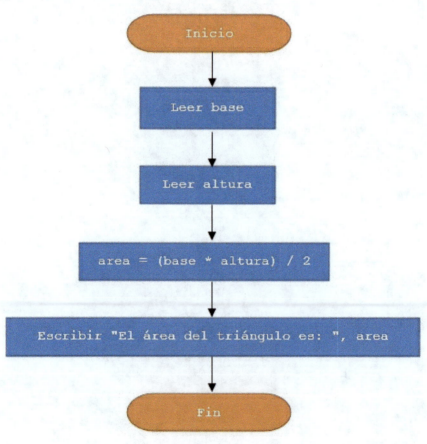

2. Algoritmo para verificar si un número es par o impar:

```
Inicio
  Leer numero

  // Verificar si el n mero es par o impar, para ello verificamos
  si el resto del n mero dividido 2 da 0

Si (numero   2    0) Entonces
    Escribir "El n mero es par"
  Sino
    Escribir "El n mero es impar"
  Fin Si
Fin
```

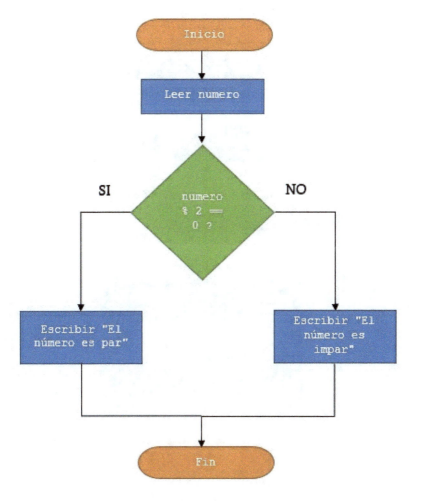

3. Algoritmo para calcular el factorial de un número:

```
Inicio
  // Definir la variable de entrada
  Leer numero
  // Inicializar el factorial en 1
  factorial   1
  // Calcular el factorial del n mero
  Para i desde 1 hasta numero hacer
    factorial   factorial * i
  Fin Para
  // Mostrar el resultado
  Escribir "El factorial de ", numero, " es: ", factorial
Fin
```

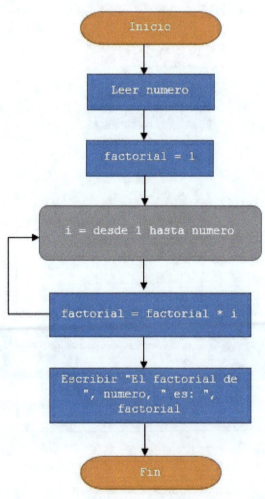

4. Algoritmo para encontrar el número mayor entre dos números:

```
Inicio
  // Definir las variables de entrada
  Leer numero1
  Leer numero2

  // Verificar cuál n mero es mayor
  Si (numero1   numero2) Entonces
    Escribir "El n mero mayor es: ", numero1
  Sino
    Escribir "El n mero mayor es: ", numero2
  Fin Si
Fin
```

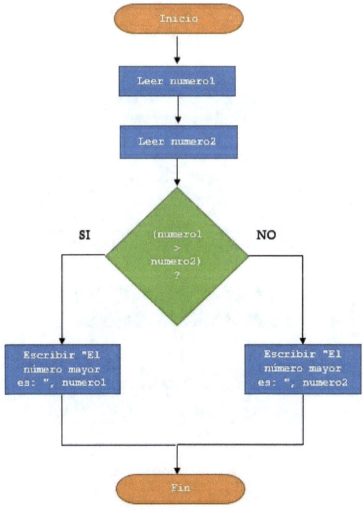

5. Algoritmo para imprimir los números del 1 al 10:

```
Inicio
  // Inicializar el contador en 1
  contador   1

  // Imprimir los n meros del 1 al 10
  Mientras contador    10 hacer
    Escribir contador
    contador   contador   1
  Fin Mientras
Fin
```

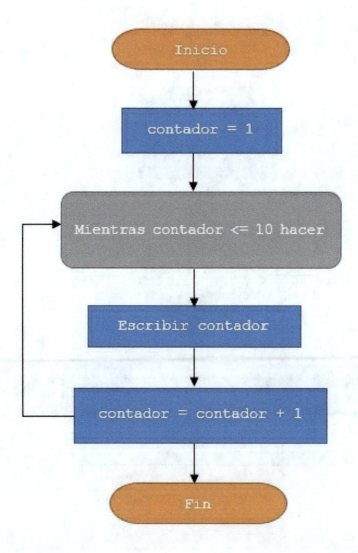

UNIDAD 4: FUNCIONES Y ESTRUCTURAS DE DATOS

■ Funciones y Procedimientos

Tanto las funciones como los procedimientos son componentes fundamentales en la programación de computadoras. Ambos son utilizados para agrupar y organizar un conjunto de instrucciones en un solo bloque de código reutilizable, lo que puede mejorar la eficiencia del código y la facilidad de mantenimiento. Aunque ambas herramientas parecen similares, existen algunas diferencias clave entre ellas.

En primer lugar, una función es un bloque de código que realiza una tarea específica y devuelve un valor como resultado. La función toma uno o más parámetros de entrada, procesa esos parámetros y luego devuelve un valor que puede ser utilizado por el programa principal. Una función se define por su nombre, sus parámetros y el tipo de valor que devuelve.

Ejemplo:

```
funcion suma(a, b) {
   retornar a   b
}
```

En este ejemplo, se define una función de nombre "suma" que recibe dos valores enteros como parámetros (a y b), realiza la suma de ambos valores y devuelve el resultado.

Por otro lado, un procedimiento es un bloque de código que también realiza una tarea específica, pero no devuelve ningún valor. Los procedimientos pueden aceptar uno o más parámetros como entrada y realizar algún tipo de acción en función de esos parámetros. Los procedimientos se definen por su nombre y sus parámetros, pero no tienen un tipo de valor de retorno.

Ejemplo:

```
procedimiento imprimir_saludo(nombre) {
   escribir("¡Hola, "   nombre   "!")
```

}

En este ejemplo, se define un procedimiento de nombre "imprimir_saludo" que recibe como parámetro un nombre (cadena de caracteres) y muestra en pantalla un mensaje de saludo personalizado.

En resumen, la principal diferencia entre una función y un procedimiento es que una función devuelve un valor, mientras que un procedimiento no lo hace. Además, las funciones se utilizan comúnmente para realizar cálculos matemáticos o manipulaciones de datos, mientras que los procedimientos se utilizan más comúnmente para realizar acciones específicas, como imprimir un mensaje en pantalla o guardar datos en un archivo.

Ahora vemos un ejemplo donde integramos los dos conceptos:

```
procedimiento mostrarMensaje(mensaje)
   escribir(mensaje)
fin procedimiento

funcion sumarDosNumeros(num1, num2)
   retornar num1    num2
fin funcion

algoritmo principal
   // Pedimos al usuario que ingrese dos n meros
   escribir("Ingrese el primer n mero:")
   leer(num1)
   escribir("Ingrese el segundo n mero:")
   leer(num2)

   // Usamos la funci n para sumar los dos n meros
   resultadoSuma    sumarDosNumeros(num1, num2)

   // Usamos el procedimiento para mostrar el mensaje
con el resultado
```

```
mensajeResultado    "El resultado de la suma es: "
resultadoSuma
    mostrarMensaje(mensajeResultado)
fin algoritmo
```

En este ejemplo, primero definimos un procedimiento llamado mostrarMensaje que simplemente toma un mensaje como entrada y lo escribe en la consola. Luego, definimos una función llamada sumarDosNumeros que toma dos números como entrada, los suma y devuelve el resultado.

En el algoritmo principal, pedimos al usuario que ingrese dos números, usamos la función sumarDosNumeros para sumarlos y guardamos el resultado en la variable resultadoSuma. Luego, creamos un mensaje que contiene el resultado de la suma y lo pasamos al procedimiento mostrarMensaje para que lo muestre en la consola.

Este es solo un ejemplo básico de cómo se pueden utilizar funciones y procedimientos en conjunto para realizar tareas más complejas.

■ *Características*

Las funciones y procedimientos tienen algunas características comunes y algunas que los diferencian:

Características Comunes:

- Ambos son bloques de código que se pueden reutilizar en diferentes partes de un programa.
- Ambos pueden recibir argumentos (parámetros) para que puedan ser personalizados y realizar diferentes tareas.
- Ambos pueden devolver valores o resultados.

Características Diferentes:

- Las funciones siempre devuelven un valor, mientras que los procedimientos no necesariamente tienen que hacerlo.

- Las funciones se llaman en una expresión y devuelven un valor, mientras que los procedimientos se llaman como una instrucción y no devuelven ningún valor.

- Las funciones pueden ser utilizadas en expresiones aritméticas y lógicas, mientras que los procedimientos no.

- Las funciones no pueden modificar los argumentos que reciben, mientras que los procedimientos sí pueden hacerlo.

En resumen, las funciones se utilizan cuando necesitamos un valor de retorno y los procedimientos se utilizan cuando queremos ejecutar una tarea específica sin preocuparnos por su resultado.

■ Estructuras de datos

En programación, una estructura de datos básica es una forma de organizar y almacenar datos en una computadora para que puedan ser utilizados de manera eficiente. Existen diferentes tipos de estructuras de datos básicas, cada una con sus propias características y usos. A continuación se describen algunos de los tipos más comunes:

Arreglos

Un arreglo, también conocido como matriz o vector, es una estructura de datos que almacena una colección de elementos del **mismo tipo de datos**. La principal característica de un arreglo es que cada elemento se identifica por su **índice** o posición dentro del arreglo, que comienza desde 0.

Los arreglos se utilizan comúnmente en la programación para almacenar datos relacionados y acceder a ellos de manera eficiente. Las operaciones básicas en un arreglo son la creación, la lectura y la escritura de elementos.

La creación de un arreglo se hace mediante la declaración del arreglo y la asignación de un tamaño determinado. La sintaxis en pseudocódigo que utilizaremos es la siguiente:

```
// Crear un arreglo de tama o 5 de tipo entero
entero arreglo[5]
```

Para leer y escribir en un arreglo, se utiliza su índice. Por ejemplo, para asignar un valor a un elemento específico del arreglo en la posición 2:

```
arreglo[2]   10
```

Para leer el valor de un elemento específico en la posición 3:

```
entero valor   arreglo[3]
```

Los arreglos también se pueden utilizar en operaciones matemáticas y de procesamiento de datos, como la suma de elementos, la búsqueda de un elemento específico, la ordenación de elementos, entre otros.

Aquí hay algunos ejemplos de cómo se utilizan los arreglos en la programación:

1. Ejemplo de declaración e inicialización de un arreglo de enteros de tamaño 5:

```
entero arreglo[5]
para i desde 0 hasta 4 hacer
   arreglo[i]   0
fin para
```

2. Ejemplo de declaración e inicialización de un arreglo de cadenas de tamaño 3:

```
cadena nombres[3]
nombres[0]    "Juan"
nombres[1]    "Maria"
nombres[2]    "Pedro"
```

3. Ejemplo de búsqueda lineal en un arreglo de enteros no ordenado:

```
funcion buscar(arreglo[], n, elemento):
  para i desde 0 hasta n 1 hacer
    si arreglo[i]    elemento entonces
      devolver i
    fin si
  fin para
  devolver  1
fin funcion
```

4. Ejemplo de ordenamiento de un arreglo de enteros en orden ascendente usando el método de burbuja:

```
procedimiento ordenar_burbuja(arreglo[], n):
  para i desde 0 hasta n 2 hacer
    para j desde 0 hasta n 2 i hacer
      si arreglo[j]    arreglo[j 1] entonces
        intercambiar(arreglo[j], arreglo[j 1])
      fin si
    fin para
  fin para
fin procedimiento
```

5. Ejemplo de cálculo de la suma de los elementos de un arreglo de enteros:

```
funcion suma(arreglo[], n):
  suma    0
```

```
para i desde 0 hasta n 1 hacer
   suma   suma   arreglo[i]
fin para
devolver suma
fin funcion
```

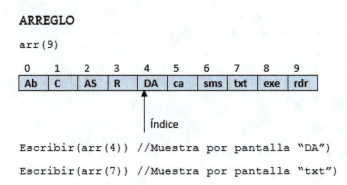

ARREGLO

```
arr(9)
```

0	1	2	3	4	5	6	7	8	9
Ab	C	AS	R	DA	ca	sms	txt	exe	rdr

índice

```
Escribir(arr(4)) //Muestra por pantalla "DA"
Escribir(arr(7)) //Muestra por pantalla "txt"
```

Listas

En programación, una lista es una estructura de datos que contiene una colección ordenada de elementos. A diferencia de los arreglos, las listas pueden crecer y encoger dinámicamente a medida que se agregan y eliminan elementos.

Cada elemento en una lista tiene un índice asociado que indica su posición en la lista. El primer elemento tiene un índice de 0, el segundo un índice de 1, y así sucesivamente. Las operaciones básicas que se pueden realizar con una lista son agregar un elemento al final, insertar un elemento en una posición determinada, eliminar un elemento de una posición determinada y acceder a un elemento por su índice.

Algunos ejemplos de uso de listas en programación son:

- Una lista de tareas pendientes en una aplicación de gestión de tareas. Cada tarea sería un elemento en la lista, y se podrían agregar, eliminar y marcar como completadas.

- Una lista de reproducción en una aplicación de música. Cada canción sería un elemento en la lista, y se podrían agregar, eliminar y reordenar las canciones.

- Una lista de compras en una aplicación de compras en línea. Cada artículo sería un elemento en la lista, y se podrían agregar, eliminar y marcar como comprados.

Aquí hay un ejemplo en pseudocódigo de cómo crear y manipular una lista:

```
// Declaraci n e inicializaci n de una lista vac a
lista_tareas    []

// Agregar elementos a la lista
agregar_elemento(lista_tareas, "Comprar leche")
agregar_elemento(lista_tareas, "Sacar al perro")
agregar_elemento(lista_tareas, "Hacer la tarea")

// Acceder a un elemento por su  ndice
tarea_1    lista_tareas[0]

// Eliminar un elemento de la lista
eliminar_elemento(lista_tareas, 1)

// Insertar un elemento en una posici n determinada
insertar_elemento(lista_tareas, 1, "Ir al gimnasio")
```

En este ejemplo, 'lista_tareas` es una lista vacía al principio. Luego, se agregan tres elementos a la lista utilizando la función `agregar_elemento()`. Después, se accede al primer elemento de la lista y se almacena en la variable `tarea_1`. Luego, se elimina el segundo elemento de la lista con la función `eliminar_elemento()`. Finalmente, se inserta un nuevo elemento en la posición 1 de la lista utilizando la función `insertar_elemento()`.

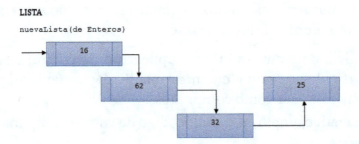

LISTA

nuevaLista(de Enteros)

16

62

32

25

Pilas

Una pila es una estructura de datos lineal que permite agregar y eliminar elementos en un orden específico, conocido como LIFO (last in, first out). Esto significa que el último elemento agregado a la pila será el primero en ser eliminado.

Las pilas tienen dos operaciones principales: push (agregar un elemento a la pila) y pop (eliminar el último elemento agregado). También es común tener una operación adicional llamada peek, que permite ver el último elemento agregado sin eliminarlo de la pila.

Las pilas se utilizan en una variedad de aplicaciones, como por ejemplo en el manejo de llamadas en sistemas operativos, en la evaluación de expresiones matemáticas, en el procesamiento de texto y en la implementación de algoritmos de búsqueda y ordenamiento.

A continuación, se presentan algunos ejemplos de cómo se pueden utilizar las pilas:

Procesamiento de texto

Las pilas se utilizan para verificar la correspondencia entre paréntesis, llaves y corchetes en un texto. Para ello, se recorre el texto de izquierda a derecha y se van agregando los símbolos de apertura a la pila. Cuando se encuentra un símbolo de cierre, se saca el último símbolo de la pila y se verifica si corresponde al símbolo de apertura correspondiente.

Algoritmos de búsqueda y ordenamiento

Las pilas se utilizan en algunos algoritmos de búsqueda y ordenamiento, como por ejemplo en la búsqueda en profundidad en grafos y en el algoritmo de ordenamiento por mezcla (merge sort). En estos casos, se utilizan las pilas para almacenar los nodos o subarreglos que aún no han sido procesados.

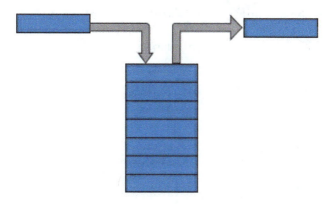

Colas

En programación, una cola es una estructura de datos lineal que sigue una política de "primero en entrar, primero en salir" (FIFO, por sus siglas en inglés, first in, first out). Esto significa que los elementos se agregan al final de la cola y se eliminan del frente.

Las operaciones básicas que se pueden realizar en una cola son:

- **Enqueue (encolar):** agregar un elemento al final de la cola.
- **Dequeue (desencolar):** eliminar el primer elemento de la cola.
- **Peek (mirar):** ver el primer elemento de la cola sin eliminarlo.
- **Size (tamaño):** obtener el número de elementos en la cola.

Un ejemplo común de uso de una cola es en un sistema de procesamiento de tareas o trabajos. Los trabajos se colocan en una cola y se procesan en el orden en que llegan.

Otra aplicación común es en el manejo de paquetes de red, donde los paquetes se colocan en una cola y se procesan en el orden en que se reciben.

Aquí hay un ejemplo de pseudocódigo que implementa una cola:

```
crear una cola vac a

encolar("elemento 1")
// la cola ahora contiene "elemento 1"
encolar("elemento 2")
// la cola ahora contiene "elemento 1", "elemento 2"
encolar("elemento 3")
// la cola ahora contiene "elemento 1", "elemento 2", "elemento
3"

tama o    obtener el tama o de la cola
// tama o es 3
```

elemento = desencolar()
// elemento es "elemento 1"
// la cola ahora contiene "elemento 2", "elemento 3"

elemento = mirar()
// elemento es "elemento 2"
// la cola aún contiene "elemento 2", "elemento 3"

encolar("elemento 4")
// la cola ahora contiene "elemento 2", "elemento 3", "elemento 4"

tamaño = obtener el tamaño de la cola
// tamaño es 3

elemento = desencolar()
// elemento es "elemento 2"
// la cola ahora contiene "elemento 3", "elemento 4"

elemento = desencolar()
// elemento es "elemento 3"
// la cola ahora contiene "elemento 4"

elemento = desencolar()
// elemento es "elemento 4"
// la cola ahora está vacía

tamaño = obtener el tamaño de la cola
// tamaño es 0

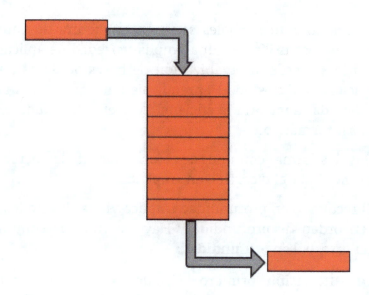

Árboles

Los árboles son una estructura de datos jerárquica que se compone de nodos interconectados. El primer nodo del árbol se llama raíz y los nodos que no tienen hijos se llaman hojas. Cada nodo puede tener un número variable de hijos, pero solo un padre.

Los árboles se utilizan en una amplia variedad de aplicaciones informáticas, como en la representación de la estructura de archivos de un sistema operativo, en la organización de bases de datos y en la búsqueda de datos en motores de búsqueda en línea.

Un ejemplo de árbol es el árbol de expresión, que se utiliza en la evaluación de expresiones matemáticas. En este árbol, los operadores se colocan en los nodos internos y las operandos se colocan en los nodos hoja.

Otro ejemplo de árbol es el árbol de decisiones, que se utiliza en el aprendizaje automático. En este árbol, cada nodo representa una pregunta y cada rama representa una posible respuesta a esa pregunta. El árbol se utiliza para clasificar nuevos datos según las respuestas a las preguntas.

En resumen, los árboles son una estructura de datos útil y versátil que se utiliza en una amplia variedad de aplicaciones informáticas. Desde la organización de bases de datos hasta la clasificación de datos en el aprendizaje automático, los árboles pueden ayudar a mejorar la eficiencia y la efectividad de muchos procesos informáticos.

Hay dos formas comunes de recorrer los árboles: el recorrido en **profundidad** y el recorrido en **amplitud**.

El recorrido en profundidad implica visitar los nodos de un árbol en orden de profundidad. Hay tres formas comunes de recorrer un árbol en **profundidad**:

Pre orden: visitar primero el nodo raíz, luego el subárbol izquierdo y finalmente el subárbol derecho.

En orden: visitar primero el subárbol izquierdo, luego el nodo raíz y finalmente el subárbol derecho.

Post orden: visitar primero el subárbol izquierdo, luego el subárbol derecho y finalmente el nodo raíz.

El recorrido en **amplitud** implica visitar los nodos de un árbol en orden de nivel. Esto significa que se visitan todos los nodos en el nivel 1 antes de pasar al nivel 2, y así sucesivamente. El recorrido en amplitud se puede implementar utilizando una cola.

Un ejemplo común de uso de los árboles es en la estructura de datos de árbol de búsqueda binaria, que se utiliza para almacenar y buscar datos de manera eficiente. También se utilizan en algoritmos de clasificación y en la representación de estructuras jerárquicas, como en el análisis sintáctico de un programa.

Grafos

Un grafo es una estructura de datos que se utiliza para representar relaciones entre objetos o entidades. Consiste en un conjunto de vértices (nodos) y un conjunto de aristas

(conexiones) que los conectan. Los grafos se utilizan en una variedad de aplicaciones, como redes sociales, rutas de transporte, planificación de proyectos, entre otras.

Existen dos tipos principales de grafos: dirigidos y no dirigidos. En un grafo dirigido, cada arista tiene una dirección, es decir, una flecha que indica el flujo de la conexión entre dos vértices. En un grafo no dirigido, las aristas no tienen dirección y la conexión es bidireccional.

Una de las formas más comunes de representar grafos es a través de una matriz de adyacencia. En una matriz de adyacencia, se utilizan números binarios para indicar si hay una conexión entre dos vértices. Si el valor es 1, significa que hay una conexión; si es 0, no hay conexión.

Por ejemplo, supongamos que tenemos un grafo no dirigido con cuatro vértices (A, B, C y D) y las siguientes conexiones:

- A está conectado a B y C
- B está conectado a C y D
- C está conectado a D

La matriz de adyacencia correspondiente sería:

```
` ` `

  A B C D
A 0 1 1 0
B 1 0 1 1
C 1 1 0 1
D 0 1 1 0
` ` `
```

Existen diferentes algoritmos para recorrer un grafo y procesar sus vértices y aristas. Algunos de los más comunes son:

1. Recorrido en profundidad (DFS):

Este algoritmo visita todos los vértices de un grafo a partir de un vértice inicial dado. En cada paso, visita un vértice adyacente que no haya sido visitado previamente y continúa así hasta que no haya más vértices por visitar.

2. Recorrido en amplitud (BFS):

Este algoritmo visita todos los vértices de un grafo a partir de un vértice inicial dado, visitando primero todos los vértices a una distancia de 1, luego los que están a una distancia de 2, y así sucesivamente.

3. Algoritmo de Dijkstra:

Este algoritmo encuentra el camino más corto entre dos vértices en un grafo con pesos en las aristas. Utiliza una estructura de datos llamada cola de prioridad para determinar el siguiente vértice a visitar y actualizar la distancia más corta desde el vértice inicial.

4. Algoritmo de Kruskal:

Este algoritmo encuentra el árbol de expansión mínimo en un grafo no dirigido y con pesos en las aristas. Comienza con un conjunto de árboles disjuntos y va uniendo los árboles más pequeños hasta obtener un único árbol que incluye todos los vértices.

Estos son solo algunos ejemplos de algoritmos para grafos. La elección del algoritmo depende de la aplicación específica y de las características del grafo en cuestión.

UNIDAD 5: LÓGICA DE PROGRAMACIÓN Y RESOLUCIÓN DE PROBLEMA

L a programación es una disciplina que requiere habilidades lógicas y pensamiento estructurado para resolver problemas. La lógica de programación implica el uso de un conjunto de reglas y principios que se aplican para crear soluciones ordenadas y eficientes.

Para resolver problemas de manera lógica y estructurada, es necesario seguir ciertos pasos. El primer paso es entender completamente el problema y su contexto. A continuación, se debe desglosar el problema en partes más pequeñas y manejables. Luego, se deben identificar los datos necesarios para resolver cada parte del problema y las relaciones entre ellos.

Una vez que se han descompuesto los problemas en partes más pequeñas, se pueden aplicar las técnicas de programación adecuadas para crear una solución coherente y estructurada. Esto incluye la selección de las estructuras de datos y algoritmos adecuados para manipular y procesar los datos.

Es importante tener en cuenta que la lógica de programación no solo se aplica a la programación de computadoras, sino que también es útil en la resolución de problemas cotidianos. Por lo tanto, la lógica de programación es una habilidad útil y aplicable en una amplia gama de situaciones.

Un ejemplo cotidiano de la aplicación de la lógica de programación podría ser la elaboración de una lista de compras. Para hacerlo, es necesario analizar lo que se necesita en función de los elementos que se tienen y las necesidades del hogar. Por ejemplo, si se sabe que se tiene suficiente cantidad de arroz y aceite en casa, no es necesario incluir estos elementos en la lista. Si se planea cocinar una cena especial, es importante pensar en los ingredientes necesarios para el plato principal y los acompañamientos, así como en cualquier postre que se desee preparar. Al elaborar la lista de compras de manera estructurada, se evita olvidar elementos importantes y se optimiza el gasto en el supermercado. Esto es una aplicación práctica de la lógica de programación en la vida cotidiana.

La lógica de programación es una habilidad esencial que trasciende cualquier lenguaje de programación en particular. Una vez que se comprende la algoritmia, se puede aplicar a casi cualquier lenguaje de programación existente en el mercado. Por lo tanto, el conocimiento en este rango puede ser utilizado en cualquier entorno de programación. En este sentido, es importante destacar que, aunque aprender un lenguaje de programación es importante, más aún lo es incorporar la lógica de pensamiento y el enfoque estructurado para resolver problemas de manera efectiva.

Algunos casos de estudio donde se utilizan algoritmos y lógica de programación:

Netflix: la empresa utiliza algoritmos de recomendación para ofrecer contenido personalizado a sus usuarios en función de sus preferencias y patrones de visualización.

Uber: la plataforma utiliza algoritmos para conectar a los conductores con los pasajeros y determinar las tarifas de los viajes en función de factores como la distancia y la demanda.

Amazon: la compañía utiliza algoritmos para personalizar la experiencia de compra de sus usuarios y recomendar productos relevantes en función de su historial de compras y búsquedas.

Google: el motor de búsqueda utiliza algoritmos para clasificar y ordenar los resultados de búsqueda en función de su relevancia y calidad.

Spotify: la plataforma utiliza algoritmos de recomendación para sugerir música a los usuarios en función de su historial de escucha y preferencias.

Facebook: la red social utiliza algoritmos para personalizar el feed de noticias de los usuarios y mostrarles contenido relevante en función de sus intereses y comportamientos en la plataforma.

Airbnb: la plataforma utiliza algoritmos para sugerir alojamientos a los usuarios en función de sus preferencias de viaje y patrones de búsqueda.

Tesla: los vehículos de la compañía utilizan algoritmos para controlar el rendimiento y la eficiencia del motor, así como para mejorar la seguridad y la experiencia de conducción.

Twitter: la red social utiliza algoritmos para mostrar a los usuarios contenido relevante en función de sus intereses y comportamientos en la plataforma.

Microsoft: la empresa utiliza algoritmos en una variedad de productos y servicios, desde el motor de búsqueda de Bing hasta la plataforma de aprendizaje automático Azure.

A continuación veremos casos prácticos de lógica de programación y como encarar las soluciones para escribir los algoritmos.

Problema 1:

-Dado un arreglo de números, encontrar el número más grande.

Solución:
- Crear una variable llamada "max" e inicializarla en cero.
- Recorrer el arreglo de números con un ciclo "para".
- En cada iteración, comparar el número actual con la variable "max".
- Si el número actual es mayor que "max", actualizar "max" con el valor actual.
- Al final del ciclo, "max" contendrá el número más grande del arreglo.

Pseudocódigo:

```
max    0
para i de 0 a n 1:
   si numeros[i]    max:
```

```
      max    numeros[i]
fin para
escribir("El n mero más grande es: ", max)
```

Problema 2:

Dado un número entero, determinar si es par o impar.

Solución:
- Dividir el número por dos y obtener el resto.
- Si el resto es cero, el número es par, de lo contrario, es impar.

Pseudocódigo:

```
si numero   2    0:
   escribir(numero, " es par")
sino:
   escribir(numero, " es impar")
```

Problema 3:

Dados dos números enteros, encontrar su máximo común divisor.

Solución:
- Usar el algoritmo de Euclides.
- Dividir el número mayor por el número menor y obtener el residuo.
- Si el residuo es cero, el número menor es el MCD.
- De lo contrario, repetir el proceso con el número menor y el residuo como los nuevos números.

Pseudocódigo:

```
a    max(numero1, numero2)
b    min(numero1, numero2)

mientras b ! 0:
   r   a   b
```

```
        a       b
        b       r
fin mientras

escribir("El MCD de ", numero1, " y ", numero2, " es
", a)
```

Problema 4:

Cálculo de promedio:
Se desea calcular el promedio de un conjunto de números
ingresados por el usuario. Para resolver este problema, se puede
utilizar un ciclo para solicitar los números y sumarlos, luego se
divide la suma entre la cantidad de números ingresados.

Pseudocódigo:

```
Leer cantidad de n meros
sumar    0

para i desde 1 hasta cantidad de n meros:
   Leer n mero
   sumar    sumar    n mero
fin para

promedio    sumar / cantidad de n meros

Escribir "El promedio es ", promedio
```

Problema 5:

Ordenamiento de una lista:
Se tiene una lista de números desordenados y se desea ordenarlos
de menor a mayor. Para resolver este problema se puede utilizar
el algoritmo de ordenamiento por selección, que selecciona el
elemento más pequeño y lo intercambia con el primer elemento de
la lista, y así sucesivamente.

Pseudocódigo:

```
Procedimiento OrdenamientoSeleccion(A[0..n 1])
//A es un arreglo que se recibe como parámetro
  Para i   0 hasta n 2 hacer
    minimo   i
    Para j   i 1 hasta n 1 hacer
      Si A[j]   A[minimo] entonces
        minimo   j
      Fin Si
    Fin Para
    Si minimo ！ i entonces
      intercambiar A[i] y A[minimo]
    Fin Si
  Fin Para
Fin Procedimiento
```

Este algoritmo funciona recorriendo el arreglo de elementos y buscando en cada iteración el valor mínimo en el resto del arreglo. Si se encuentra un valor menor al valor actual, se intercambia su posición. De esta manera, al final del algoritmo, los elementos se habrán ordenado en forma ascendente.

Problema 6:

Conversión de unidades:
Se desea convertir una cantidad de grados Celsius a Fahrenheit. Para resolver este problema, se utiliza la fórmula de conversión, que consiste en multiplicar los grados Celsius por 1.8 y sumar 32.

Pseudocódigo:

```
Leer grados Celsius
grados Fahrenheit   grados Celsius * 1.8   32
Escribir "Los grados Fahrenheit son: ", grados
Fahrenheit
```

Problema 7:

Validación de usuario y contraseña:

Se desea validar que el usuario y la contraseña ingresados por el usuario sean correctos. Para resolver este problema, se utiliza una estructura condicional para comparar los datos ingresados con los datos almacenados en la base de datos.

Pseudocódigo:

```
Leer usuario
Leer contrase a

Si usuario    "admin" y contrase a     "1234":
  Escribir "Acceso permitido"
Sino
  Escribir "Acceso denegado"
fin si
```

Estos son solo algunos ejemplos, pero existen muchos más problemas que se pueden resolver utilizando la lógica de la programación. La clave es identificar el problema, descomponerlo en partes más pequeñas y pensar en cómo se puede resolver cada parte utilizando la lógica de programación.

Ahora, veremos cómo se integra la resolución de varios problemas menores en uno mayor. Imaginemos que tenemos un problema en el que necesitamos calcular la rentabilidad de una inversión en un proyecto empresarial. Para ello, necesitamos resolver tres subproblemas:

1. Calcular el costo total del proyecto.
2. Calcular el ingreso total generado por el proyecto.
3. Calcular la tasa de interés necesaria para que el proyecto sea rentable.

Para resolver el primer subproblema, debemos tener en cuenta los costos de materiales, mano de obra, equipo, entre otros gastos. Una posible solución sería la siguiente:

```
procedimiento calcular_costo_total()
  costo_materiales    1000
  costo_manodeobra    500
  costo_equipo    2000
```

```
   costo_total         costo_materiales         costo_manodeobra
costo_equipo
   escribir("El costo total del proyecto es: ", costo_total)
fin procedimiento
```

Para el segundo subproblema, necesitamos conocer el ingreso generado por el proyecto. Una posible solución sería la siguiente:

```
procedimiento calcular_ingreso_total()
   unidades_vendidas    100
   precio_venta    50
   ingreso_total    unidades_vendidas * precio_venta
   escribir("El ingreso total generado por el proyecto es: ",
ingreso_total)
fin procedimiento
```

Para el tercer subproblema, necesitamos encontrar la tasa de interés necesaria para que el proyecto sea rentable. Una posible solución sería la siguiente:

```
procedimiento calcular_tasa_interes()
   costo_total    2500
   ingreso_total    5000
   tiempo    2
   tasa_interes    ((ingreso_total / costo_total) ** (1/tiempo))
   1
   escribir("La tasa de interés necesaria para que el proyecto
sea rentable es: ", tasa_interes)
fin procedimiento
```

Con la resolución de estos tres subproblemas, podemos resolver el problema principal de calcular la rentabilidad del proyecto:

```
algoritmo calcular_rentabilidad()
   calcular_costo_total()
   calcular_ingreso_total()
   calcular_tasa_interes()
fin algoritmo
```

Este algoritmo nos dará la rentabilidad del proyecto en función de los costos, ingresos y tasa de interés.

A continuación, presentamos un ejemplo básico de pseudocódigo para una tienda en línea que permite al usuario agregar productos al carrito, revisar su compra y realizar el pago:

```
// Inicio del programa

// Declaraci n de variables globales
productos   { "camisa": 20, "pantal n": 30, "zapatos": 50 }
carrito   []
total   0

// Funci n para mostrar los productos disponibles
funcion mostrar_productos():
 escribir("Productos disponibles:")
 para cada producto en productos:
  escribir(producto   "   "   productos[producto])

// Funci n para agregar un producto al carrito
funcion agregar_al_carrito(producto):
 si producto en productos:
  carrito.agregar(producto)
  total   productos[producto]
  escribir(producto   " agregado al carrito.")
 sino:
  escribir("Producto no encontrado.")

// Funci n para revisar el carrito
funcion revisar_carrito():
 escribir("Carrito de compras:")
 para cada producto en carrito:
  escribir(producto)
 escribir("Total: "   total)

// Funci n para realizar el pago
funcion realizar_pago():
 escribir("Realizar pago por "   total)
 // Aqu  se incluir a la l gica para procesar el pago

// Programa principal
mostrar_productos()
agregar_al_carrito("camisa")
agregar_al_carrito("pantal n")
revisar_carrito()
realizar_pago()

// Fin del programa
```

Este es solo un ejemplo básico y simplificado de un algoritmo para una tienda en línea. En un caso real, el algoritmo sería mucho más complejo y podría incluir funciones adicionales, como la validación de la información del usuario y el cálculo del envío y los impuestos.

UNIDAD 6: PRÁCTICA

En la unidad anterior, se aprendió acerca de la lógica de programación y la resolución de problemas. Ahora, se profundizará en la parte práctica de la programación, es decir, las herramientas y técnicas utilizadas en el desarrollo de software y cómo trabajar de manera efectiva en equipo para alcanzar los objetivos del proyecto.

Introducción a las herramientas comunes de programación: editores de texto, compiladores, etc.

En esta unidad, se abordará el tema de las herramientas comunes que se utilizan en programación. Estas herramientas son esenciales para los programadores, ya que les permiten escribir, compilar, depurar y ejecutar programas de manera eficiente. Algunas de las herramientas más comunes en programación son los editores de texto, los compiladores y los depuradores.

Un editor de texto es un software que permite a los programadores escribir y editar código fuente. Algunos de los editores de texto más populares son Visual Studio Code, Sublime Text y Atom. Estos editores suelen contar con funciones avanzadas que facilitan la escritura de código, como la resaltado de sintaxis, la autocompletación y la integración con herramientas de control de versiones.

Por otro lado, un compilador es un software que se encarga de traducir el código fuente escrito por los programadores a lenguaje de máquina, que es el lenguaje que la computadora entiende. Los compiladores suelen ser específicos para cada lenguaje de programación. Por ejemplo, para compilar código escrito en C, se puede utilizar el compilador GCC, mientras que para compilar código escrito en Java, se puede utilizar el compilador javac.

Finalmente, un depurador es una herramienta que ayuda a los programadores a identificar y solucionar errores en el código fuente. El depurador permite a los programadores ejecutar el código paso a paso, examinar el estado de las variables en cada paso y detener la ejecución en cualquier momento para analizar el estado del programa. Los depuradores más comunes son GDB para lenguaje C y Java Debugger para Java.

En resumen, estas herramientas son esenciales para el desarrollo de software y permiten a los programadores trabajar de manera más eficiente y efectiva. Por lo tanto, es importante que los programadores se familiaricen con estas herramientas y aprendan a utilizarlas de manera efectiva. En la siguiente sección, se hablará sobre cómo trabajar en equipo en proyectos de programación.

Cómo trabajar en equipo en proyectos de programación

En el mundo de la programación, la mayoría de los proyectos son realizados por equipos de desarrolladores. Trabajar en equipo puede ser un reto, ya que requiere una buena comunicación, coordinación y colaboración entre los miembros del equipo. A continuación, se discutirán algunas de las mejores prácticas para trabajar en equipo en proyectos de programación.

1. Comunicación Clara Y Efectiva

La comunicación es la clave para cualquier proyecto en equipo exitoso. Es importante establecer canales de comunicación claros y efectivos desde el principio. Esto puede incluir reuniones regulares, correo electrónico, mensajería instantánea y herramientas de gestión de proyectos como Trello o Asana.

Es importante asegurarse de que todos los miembros del equipo tengan acceso a la información relevante del proyecto. Esto incluye detalles como los objetivos del proyecto, los plazos, las tareas asignadas y cualquier otra información relevante.

2. Coordinación Y Colaboración

La coordinación y la colaboración son fundamentales en cualquier proyecto en equipo. Para ello, es importante establecer roles claros y responsabilidades en el equipo. Esto puede incluir roles como líder de proyecto, desarrollador, diseñador y tester. Cada miembro del equipo debe entender su papel y responsabilidades en el proyecto.

Además, es importante trabajar juntos para resolver problemas y abordar desafíos en el proyecto. Si un miembro del equipo está luchando con una tarea, el resto del equipo debe estar disponible para ayudar. La colaboración también puede ayudar a garantizar que todos los miembros del equipo estén alineados en cuanto a objetivos y plazos.

3. Control De Versiones

Es una técnica que permite registrar los cambios realizados en el código fuente y mantener un histórico de todas las versiones del software. Esto es útil para poder trabajar de manera colaborativa en el mismo proyecto y evitar conflictos entre los diferentes cambios realizados por los miembros del equipo. Algunas de las herramientas de control de versiones más populares son Git, SVN y Mercurial.

4. Documentación

La documentación es una parte crítica de cualquier proyecto de programación en equipo. Es importante documentar el código, las decisiones de diseño y cualquier otra información relevante del proyecto. Esto ayuda a garantizar que todos los miembros del equipo estén alineados en cuanto a los detalles del proyecto y puede ser muy útil en el futuro para realizar cambios o solucionar problemas.

5. Pruebas Y Revisión De Código

Es importante realizar pruebas y revisar el código de forma regular para garantizar que el proyecto esté en buen estado y sea de alta calidad. Los miembros del equipo deben trabajar juntos para establecer estándares de calidad y asegurarse de que se cumplan en todo momento.

6. Metodologías Ágiles:

Las metodologías ágiles son una serie de prácticas y procesos que se utilizan para el desarrollo de software. Entre ellas, destacan Scrum y Kanban. Estas metodologías se basan en ciclos de desarrollo cortos y colaborativos, en los que se realizan reuniones diarias para mantener el seguimiento del proyecto y resolver los problemas que puedan surgir.

La unidad 6 que presentamos se enfoca en proporcionar una introducción a los temas que estamos tratando. Este contenido tiene la intención de presentar los conceptos básicos y ofrecer una visión general de los mismos.

Sin embargo, es importante tener en cuenta que para profundizar en los mencionados conceptos y adquirir habilidades avanzadas, es necesario realizar cursos específicos que se centren en los detalles y complejidades de cada una de las ramas del desarrollo de software.

Aunque esta unidad puede ser útil para quienes deseen explorar los temas, es importante reconocer que el contenido presentado es solo superficial y no cubre todas las áreas importantes de los mismos. Para desarrollar una comprensión completa, los estudiantes deben comprometerse con cursos más avanzados y especializados, ya que el presente curso es meramente introductorio a la programación, y un pantallazo general de conceptos anexos a la misma como los aquí tratados.

EPÍLOGO

Queridos lectores,

Espero que hayan disfrutado de este libro tanto como yo disfruté escribiéndolo. Ha sido un verdadero placer guiarlos a través del mundo de la programación y espero que hayan adquirido una sólida base de conocimientos que les permita continuar aprendiendo y desarrollando habilidades en este fascinante campo.

Recuerden que la programación es una disciplina en constante evolución, por lo que les animo a seguir explorando, experimentando y aprendiendo nuevas tecnologías y lenguajes de programación.

Este curso ha sido solo una introducción al vasto mundo de la programación. Para profundizar en temas específicos, les sugiero que continúen su educación a través de cursos avanzados, conferencias, foros en línea y otros recursos disponibles.

Finalmente, les agradezco su dedicación y compromiso con este curso. Espero que la programación les haya brindado la misma satisfacción y emoción que a mí, y que sigan explorando todo lo que este mundo tiene para ofrecer.

¡Les deseo todo lo mejor en su camino hacia la excelencia en la programación!

Atentamente, Axel Nicolas Kalbermatten Rouvier.

www.ingramcontent.com/pod-product-compliance
Lightning Source LLC
LaVergne TN
LVHW051644050326
832903LV00022B/888